AF261676

FINISSONS-EN!

ILS EN ONT MENTI

PRIX : 25 centimes

PARIS

En Vente

CHEZ TOUS LES LIBRAIRES

1874

PARIS. — IMPRIMERIE PARISIENNE, J. SOUDIX,

IMPASSE BONNE-NOUVELLE, 5.

FINISSONS-EN !

I

INVITATION A L'ASSEMBLÉE

C'est à vous, Nos Seigneurs de l'Assemblée nationale, que cette respectueuse invitation s'adresse.

Vous vous dites les souverains de la France ; elle se meurt dans vos mains, et vous la laissez périr !

N'avez-vous donc jamais songé à la terrible responsabilité qui pèse sur vos têtes ?

Malgré ses crimes, la Convention sut, du moins, remplir sa tâche. Elle avait juré de sauver la France de l'étranger, et elle a tenu parole.

En l'arrachant aux factions qui la déchiraient, les deux Napoléon l'ont également sauvée.

Mais vous qui, depuis bientôt quatre ans, disposez en maîtres de ses destinées, qu'avez-vous fait pour elle ?

Au lieu de panser ses plaies et de ranimer ses forces, vous n'êtes occupés qu'à vider vos querelles sur le corps de la patrie expirante.

II

L'ASSEMBLÉE SOUVERAINE

Vous seriez-vous trompés sur l'étendue de votre pouvoir? Commenceriez-vous à comprendre qu'il est plus facile de se déclarer souverains que de l'être? Reviendriez-vous, enfin, à l'idée plus modeste et plus vraie que vous aviez de votre mission, au sortir des urnes électorales?

Alors, il vous en souvient, vos prétentions n'allaient pas si haut. En présence du double fléau qui désolait la France : la révolution de septembre et l'invasion étrangère, vous croyiez n'avoir d'autre mandat que celui de l'en délivrer d'abord, puis de lui rendre la libre disposition d'elle-même.

Nul d'entre vous n'avait encore osé lire sur les bulletins qui l'avaient élu, des pouvoirs que le véritable souverain n'y avait point inscrits !

Que n'avez-vous eu la sagesse de borner là votre rôle ! La France aurait déjà retrouvé sa voie, « ses longues sécurités, » sa place dans le monde !

III

SOUVERAINETÉ DE M. THIERS

Malheureusement vous aviez parmi vous un homme aussi petit par le cœur que par la taille, qui avait intérêt à vous surfaire, et qui n'a jamais hésité à sacrifier l'intérêt public au sien.

Grâce au stupide aveuglement de la bourgeoisie, cet homme touchait enfin au but de toutes ses intrigues. Il n'avait plus qu'à se hisser sur vos épaules pour atteindre au sommet de l'Etat.

Comme il voulait occuper la place des souverains de la France, il fallait que vous fussiez tous autant de souverains pour la lui donner, et la vanité de chacun de vous aidant, il n'eut pas de peine à vous en convaincre.

Pourquoi, en effet, des Naquet, des Cochery, des Marcou, des Gody, des Barodet, des Caduc et autres grands hommes de cette sorte auraient-ils douté de leur souveraineté, quand *l'illustre patriote* la proclamait à la face du pays ?

Vous voilà donc sacrés soùverains ! Seulement, en vous gratifiant de ce beau titre, le malin petit homme sut en garder pour lui seul la puissance ! Vous n'avez pas tardé à vous en apercevoir aux coups de férule dont il a sanglé vos royales épaules, jusqu'au moment où, poussés à bout, vous l'avez laissé tomber à terre !

IV

LE PARLEMENTARISME ET SES ACTES

Cet acte de révolte vous a-t-il, du moins, rendu le pouvoir? Hélas! vous n'avez fait que changer de maîtres; vous en avez autant que de chefs de partis. Cependant, il faut le dire à votre honneur, en mettant, à la place d'un intrigant brouillon, le brave et loyal soldat qui a vaincu la Commune, vous avez retardé la ruine du pays.

Mais pourquoi, tandis que vous chargiez le maréchal Mac-Mahon de gouverner la France, l'avez-vous obligé à ne la gouverner que par des ministres, et des ministres pris dans votre Assemblée?

Qu'attendez-vous d'un pareil régime qui retire d'une main ce qu'il a donné de l'autre? qui place à la tête de l'Etat une illustre épée pour imposer silence à tous les partis, et qui en confie le maniement à leurs chefs?

Devant cette absurdité, vous n'avez qu'une

excuse, c'est qu'il vous était difficile de faire autrement. Impuissante à gouverner elle-même, une Assemblée souveraine ne saurait permettre que l'on gouverne sans elle. Le propre du régime parlementaire, qui a déjà tué chez nous trois monarchies et deux républiques, est de rendre tout gouvernement impossible.

Mais de quel droit nous forcez-vous à le subir?

La question n'est cependant pas de savoir jusqu'où s'étend votre mandat, il s'agit uniquement de l'usage que vous en avez fait.

Passons en revue vos actes.

V

LA DÉCHÉANCE

L'un des premiers vous fait peu d'honneur : aussi, bon nombre d'entre vous sont-ils au regret d'y avoir pris part et ne recommenceraient pas aujourd'hui, tant ils seraient sûrs d'être réprouvés par la grande majorité du pays.

Après la catastrophe de Sedan, « où il avait donné à tous l'exemple du plus ferme courage et de la plus patriotique abnégation, » l'Empereur était prisonnier de l'ennemi ; l'Impératrice, abandonnée, trahie par celui qui devait la défendre, s'était vue forcée de fuir devant l'émeute, et son fils l'avait rejointe en exil : toutes les infortunes, toutes les douleurs accablaient cette famille, naguère l'objet des respects et de l'admiration du monde !

C'est ce moment que certains représentants d'une nation généreuse ont choisi pour lui lancer un dernier outrage ! Et vous avez eu la faiblesse de vous y associer !

En décrétant la déchéance de l'Empire devant l'ennemi qui nous avait vaincus, vous ne faisiez, sans doute, que ce que venaient de faire les Trochu, les Jules Favre, les Gambetta, que ce qu'avaient fait le honteux Sénat de 1814 et la Chambre non moins honteuse de 1815; mais n'aviez-vous pas, dans notre histoire, de plus nobles exemples à suivre?

Il est vrai qu'en présence de l'amas de calomnies et d'injures que les traîtres du 4 septembre et leurs complices avaient entassées sur l'Empire, il vous était difficile de distinguer la vérité du mensonge, plus difficile encore de prévoir que ces calomnies se changeraient si vite en opprobre contre leurs auteurs et ne feraient qu'accroître les sympathies de la nation pour un régime qui lui a donné vingt ans de gloire et de prospérité.

VI

LE TRAITÉ DE PAIX

Quelques instants avant ce vote regrettable, vous aviez fait la paix, ou plutôt vous aviez eu le courage de subir les dures conditions qu'il a plu à l'ennemi de vous imposer.

On ne vous en blâme pas. Mais pourquoi chargiez-vous du soin de la négocier les mêmes révolutionnaires qui avaient réduit la France à cette cruelle extrémité? Avec de tels négociateurs, que pouviez-vous attendre de la miséricorde du vainqueur ou de l'assistance des souverains que l'Empire avait eus pour amis et pour alliés?

Dans sa perfide tournée près des cours de l'Europe, sous prétexte de nous y chercher des appuis, M. Thiers avait si bien démontré que la France seule était coupable de la guerre et que la Prusse n'avait fait que se défendre; il avait été si habilement secondé dans ce rôle odieux par le larmoyant faussaire que ses entrevues avec M. de Bismarck ont immortalisé, que les puissances ont dû se dire :

« Puisqu'il en est ainsi, abandonnons aux Prussiens ce peuple de perturbateurs incorrigibles. En le châtiant rudement, ils ne feront que le traiter comme il le mérite. Quel intérêt, d'ailleurs, aurions-nous à venir en aide à une république dont le premier dogme est la haine des rois et le renversement des trônes ? »

Tel devait être, tel a été le langage des puissances européennes. Le chef du ministère anglais a eu la franchise de le répéter en plein parlement.

Mais votre aversion pour l'Empire vous avait fait perdre tout sens politique. Autrement, n'auriez-vous pas compris que, s'il y avait en France deux hommes incapables de négocier la paix, c'était précisément M. Thiers et celui qu'il appelait son *généreux ami?*

En rejetant sur la France tous les torts de la guerre et en proclamant la République sur les ruines de la monarchie nationale, ces impudents menteurs n'avaient-ils pas justifié d'avance toutes les exigences de la Prusse, et ne devaient-ils pas s'attendre à la réponse que Bismarck leur a faite, à son tour : « Nous ne vous céderons ni un thaler de votre rançon, ni un pouce de votre territoire, ni une pierre de vos forteresses ! »

Les torts de la France! Ils ont osé l'en accuser devant l'ennemi! La malheureuse n'en a eu qu'un, celui de prêter l'oreille à leurs discours!

Il est vrai qu'elle en a été rudement punie. Ces faux prophètes lui ont coûté la vie de cent mille de ses enfants, trois de ses plus beaux départements, les deux boulevards de sa défense dans l'Est, dix milliards de sa fortune, la ruine de son commerce, de son industrie, de son prestige au dehors ; enfin la perte du seul gouvernement qui pouvait la relever !

Pour tant de calamités sa seule compensation a été d'en voir les principaux auteurs obligés d'apposer leur signature à cet odieux traité qui sera leur flétrissure éternelle !

VII

L'ÉMIGRATION DES ALSACIENS-LORRAINS

La paix faite, il fallait en exécuter les clauses. La plus douloureuse n'était pas l'effroyable saignée faite à la richesse de la France pour en gorger l'Allemagne ; c'était l'abandon à l'ennemi de deux de nos plus chères provinces.

Ici, la conduite de nos représentants était toute tracée. Vous deviez assez compter sur le patriotisme des Alsaciens-Lorrains pour ne pas douter que le joug prussien ne ferait que fortifier dans leur cœur l'amour de la France et la haine de l'étranger. Dans l'intérêt de la revanche, il importait donc que pas un de nos malheureux compatriotes ne quittât son sol natal, que tous, au contraire, s'y tinssent prêts à seconder l'armée libératrice, quand l'heure de la vengeance aurait sonné.

Mais, grâce à cet esprit de vertige qui, depuis la chute de l'Empire, bouleverse toutes nos têtes, ce fut entre la nation et ses gouvernants un concert d'efforts pour exciter les habitants de l'Alsace-Lorraine à émigrer en France.

Qu'en est-il résulté ? Sans parler des douleurs et des misères attachées à de pareilles émigrations, ni des nouvelles charges qu'elles nous ont imposées, la place laissée par les plus vigoureux patriotes de ces provinces a été occupée par des Allemands ; et nous serons peut-être étonnés, le jour de la revendication, de rencontrer tant d'ennemis sur une terre où nous ne devions trouver que des frères !

VIII

LES EMPRUNTS

Pour payer les cinq milliards au vainqueur, il a fallu les emprunter. L'emprunt a réussi ; mais à quel taux ? Ces *cinq* milliards nous en coûtent *six !*

Était-il possible de nous les procurer à de moins dures conditions ? Tous les vrais financiers le disent. Mais M. Thiers voulait un succès éclatant, et, pour se l'assurer, il a prodigué nos millions aux spéculateurs étrangers. Que lui importait ? Il pensait à sa gloire, et la France lui paraissait encore assez riche pour la payer !

A-t-on, du moins, constaté la source d'où ces milliards étaient sortis ? Le Gouvernement et l'Assemblée s'en sont bien gardés ; c'eût été reconnaître la prodigieuse accumulation de richesses que la France devait à l'Empire ! On aima mieux laisser croire que ces trésors étaient dus à la baguette magique du nouveau Moïse, qui n'avait eu qu'à frapper le rocher pour les en faire jaillir.

IX

LE GOUVERNEMENT A VERSAILLES

De toutes les villes de France, la plus cruellement éprouvée, c'était Paris. Aux horreurs de la guerre du dedans et du dehors, s'étaient joints le froid, la faim, la maladie, la misère sous toutes ses formes. Cette grande capitale, qui ne vit que de travail et de luxe, n'avait plus ni industrie, ni commerce; ses ateliers étaient fermés et ses hôtels déserts. Il n'y restait qu'une population exaspérée par les hontes de la défaite et furieuse contre les misérables saltimbanques qui l'avaient si indignement abusée.

Pour y ramener le calme et l'activité, le premier devoir de nos souverains était de s'y établir fortement, avec un pouvoir résolu qui, par sa seule présence, aurait imposé silence aux perturbateurs.

Or, qu'avez-vous fait? En vous installant

avec le Gouvernement à Versailles, vous avez livré Paris à toutes les fureurs de la démagogie, à ce ramassis de bandits de toutes les nations, qui s'en sont donné à cœur joie. Qui oserait affirmer que cette fatale résolution n'a été pour rien dans l'établissement de la Commune et dans les scènes d'horreur auxquelles elle s'est livrée ?

Serait-ce la peur qui vous l'a dictée ? Assurément, non. Les vrais souverains n'ont pas peur. Est-ce que les deux Napoléon tremblaient et fuyaient devant l'émeute ? Est-ce que la Convention eut peur, au 13 vendémiaire, quand les quarante mille sectionnaires de la réaction sont venus en armes pour l'égorger ou la jeter dans la Seine ? Est-ce que, malgré la faible troupe qui la défendait, elle a songé à se retirer à Versailles ? Elle fit résolûment tête au danger, et son énergie la sauva ainsi que les grandes conquêtes de la Révolution.

Malheureusement, vous n'aviez pas, comme elle, sous la main, l'héroïque vainqueur de Toulon ! Celui qui aurait dû vous donner l'exemple du courage ne sut que vous inspirer la peur ; et sa peur, à lui, fut extrême !

Aux premiers cris de l'insurrection, il s'enfuit à toutes jambes, non pas en laissant ses armes, comme le font d'autres peureux, sur le champ de bataille, mais en les emportant toutes pour protéger sa précieuse personne !

Tout ce qui représentait la force et pouvait défendre l'ordre : soldats, gendarmes, sergents de ville, dut suivre, en toute hâte, à Versailles, ce digne chef des héros du 4 septembre, laissant ainsi deux millions d'habitants, sans défense, à la discrétion d'une populace furieuse, que Trochu avait disciplinée pour la révolte et que J. Favre n'avait pas voulu désarmer.

La Commune ne fût pas restée huit jours maîtresse de Paris, si les forts qui l'entourent et peuvent en ouvrir les portes, n'eussent pas été lâchement abandonnés ; mais les troupes qui les occupaient ont paru nécessaires à la garde de celui que des imbéciles ont appelé : « le sauveur de la France ! » et ces forts ont été livrés aux insurgés, et il a fallu plus de deux mois d'un épouvantable bombardement pour rentrer dans Paris en cendres, « noyé au sang de ses enfants ! »

Alors le grand citoyen est monté au Capitole pour rendre grâces aux dieux de sa victoire, et vous n'avez pas rougi de décréter « qu'il avait bien mérité de la patrie ! »

Pour réduire la Commune, il vous fallait toute une armée ; or, les organisateurs de la défense nationale ne vous en avaient point laissé. Vous avez été heureux alors d'en trouver une dans les débris de celles de l'Empire.

Malgré tout ce qu'ils avaient souffert dans les prisons de l'ennemi et tout ce qu'avaient fait les révolutionnaires pour les démoraliser, ces infortunés soldats étaient encore les seuls qui eussent conservé assez de discipline et de patriotisme pour se dévouer au salut du pays.

Que seriez-vous devenus et où en serions-nous, si ceux que les braves de septembre traitaient de « lâches capitulards » n'étaient accourus, sous la conduite du glorieux vaincu de Reichshoffen et de Sedan, pour étouffer la Commune dans son foyer, et « rendre Paris à la France ? »

Après cette sanglante répression, tout danger avait disparu. Vous êtes-vous, du moins, empressés de rentrer dans la malheureuse capitale pour l'aider, par votre présence, à se relever de ses ruines? Non. Malgré les supplications du commerce en détresse et du travail aux abois, vous avez voulu rester à Versailles, et vous y resterez jusqu'à votre dernier soupir. Le palais du Grand Roi sera votre tombeau !

X

LA RÉORGANISATION DE L'ARMÉE

Les désastres de la guerre civile et étrangère vous ont enfin fait comprendre combien étaient sages les efforts de l'Empereur pour nous doter d'une puissante armée nationale, et vous avez résolu de vous en occuper. Il eût mieux valu, sans doute, la laisser organiser avant la guerre; cette guerre alors n'aurait pas eu lieu, ou elle aurait fini par le triomphe de la France. Mais, pourquoi revenir sur la plus grande faute, osons dire le plus grand crime de l'opposition?

Vous avez eu le mérite de vouloir la réparer. Seulement, voilà bientôt trois ans que vous y travaillez, et votre œuvre est à peine commencée.

Quand on pense, d'une part, aux insatiables ambitions de la Prusse et à tout ce qu'elle fait pour accroître encore son formidable armement, de l'autre, à notre faiblesse intérieure et à notre isolement en Europe, on s'étonne que la réorganisation de notre armée n'ait pas été le pre-

mier, le plus constant objet de vos préoccupa-
tions, et l'on se demande, avec effroi, combien
de soldats et de canons la France pourrait op-
poser à l'ennemi, s'il lui prenait fantaisie de
nous infliger un nouvel affront?

Interrogez les hommes du métier : ils vous
répondront que notre armée est aujourd'hui
moins nombreuse et moins forte qu'au com-
mencement de la guerre, que si l'on en retran-
chait les éléments fournis par les anciens corps
de Sedan et de Metz, il ne lui resterait presque
rien.

Convenez qu'il n'y a pas là de quoi vous
enorgueillir et qu'il vous siérait d'être un peu
plus réservés dans vos récriminations contre
l'Empire !

Vous avez cependant fait plus encore que ne
voulait M. Thiers. Le grand patriote ne voyait
rien de mieux, pour reconstituer notre armée,
que la loi de 1832, à laquelle il avait concouru.
Une force de *trois cent cinquante mille* hommes, susceptible d'être portée à *quatre* ou *cinq
cent mille* par les réserves et les engagements
volontaires, suffisait largement, selon lui, à
toutes les exigences de la situation présente et
future !

Bien qu'il eût eu sous les yeux le spectacle des *douze cent mille* Allemands ravageant la France et dispersant ses bataillons improvisés, il n'y croyait pas plus qu'avant la guerre, lorsqu'il traitait de *contes en l'air*, de *fantasmagories*, les forces immenses de l'ennemi, qu'un ministre de l'Empereur énumérait vainement à la tribune pour éclairer nos députés sur les dangers de la patrie !

Vous avez eu le bon sens de résister à l'entêtement de l'illustre vieillard, et votre loi sur le recrutement de l'armée, qui n'est, au fond, que la réalisation du projet de l'Empereur, laisserait peu à désirer, si en y introduisant, au profit des classes aisées, le privilége du volontariat d'un an, vous n'aviez porté une grave atteinte à l'égalité nationale.

XI

LES IMFOTS

Pour subvenir à toutes les dépenses auxquelles la guerre, le 4 septembre et la Commune nous avaient condamnés, les anciens impôts ne suffisaient plus ; il vous à fallu les augmenter et en créer de nouveaux.

Si l'on n'y a pas vu figurer en première ligne les impôts sur les *matières premières* et les *droits de navigation*, qui auraient achevé la ruine de notre industrie et de notre marine sans enrichir le Trésor, ce ne fut pas la faute de M. Thiers, dont la haine implacable contre l'Empire ne sait qu'imaginer pour effacer toute trace de ses bienfaits.

Vous souvenez-vous des cris d'indignation que vous poussiez, chaque année, dans vos journaux et vos revues, contre les budgets de *quinze à dix-huit cent millions* du gouvernement impérial ? A vous entendre : « c'était vouloir épuiser la France ! Encore quelque temps de ce régime insensé, et il ne lui resterait plus une goutte de sang dans les veines ! »

Si, au lieu d'être au pouvoir, vous étiez encore dans l'opposition, que diriez-vous aujourd'hui en présence des *deux milliards huit cent millions* du budget de votre République, et en pensant que nous avons deux riches provinces de moins pour nous aider à les payer !

Les budgets sous l'Empire ne s'accroissaient cependant qu'en proportion des recettes ; ils étaient, à la fois, le signe et l'instrument de la prospérité publique. Les vôtres, au contraire, grossissent avec notre ruine, dont ils sont également l'indice et la cause !

Malgré les grandes et belles choses qu'il a faites, et les millions qu'il a consacrés à ces travaux productifs dont il a couvert Paris et la France, l'Empire n'a pas créé un seul impôt nouveau ni augmenté d'un centime les anciens; il en a, au contraire, supprimé pour 400 millions, à la décharge de l'agriculture et de l'industrie; ce qui n'a pas empêché nos recettes de s'accroître de plus de 700 millions pendant les dix-huit ans de ce régime si outrageusement calomnié !

En est-il de même sous celui qui l'a remplacé ? Hélas ! vous avez beau entasser taxes nouvelles sur taxes anciennes et frapper tous les objets de consommation, plus vous faites pour augmenter nos ressources, plus elles diminuent. C'est en vain que vous cherchez à remplir ce tonneau des Danaïdes; tout ce que vous y versez s'écoule par les ouvertures de plus en plus béantes de la misère publique.

On ne vous fait point un crime de vos efforts pour combler les vides de notre budget ; mais la France a droit de vous demander compte des moyens que vous y employez.

Pourquoi ne voulez-vous pas comprendre que ce n'est point en augmentant, par de nouvelles taxes, la cherté des produits nécessaires à la vie que vous pousserez à leur consommation, et que le seul moyen d'équilibrer nos recettes avec nos dépenses est de nous rendre la sécurité et le travail, sans lesquels il nous est aussi impossible de subvenir aux besoins de l'État qu'aux nôtres?

Votre République a tari toutes les sources de la prospérité nationale, et vous prétendez en tirer plus qu'elles ne donnaient au temps de leur plus grande abondance!

XII

L'ENQUÊTE

La France avait été trop rudement éprouvée pour qu'elle ne désirât pas connaître et punir les auteurs de ses maux. En ordonnant une enquête pour les découvrir, vous n'avez donc fait que répondre au vœu formel du pays.

Si cette enquête eût été conduite avec toute la vigueur, toute la sincérité, toute la publicité désirables, elle aurait produit les plus heureux résultats. Quoi de plus propre, en effet, à guérir la Nation de ses accès révolutionnaires, que le spectacle de la couardise, de l'incapacité et de l'immoralité de ceux qu'elle avait crus des modèles de courage, d'intelligence et d'abnégation !

Mais l'enquête a été poussée mollement. Depuis trois ans qu'elle dure elle n'est pas encore finie, et quelques-uns de ceux qui en ont été chargés ont fait preuve d'une partialité qui leur a valu d'éclatants démentis ; d'autres n'ont pas voulu répandre trop de lumières sur certains hommes, sur certains actes : ils ont craint qu'en poussant plus à fond les investigations, il n'en sortît la justification de l'Empire et la condamnation de ceux qui l'avaient renversé.

Cependant, telle qu'elle est, le peuple pouvait tirer de l'enquête de précieux enseignements ; mais pour cela, il fallait, d'une part, en mettre les résultats à sa portée ; de l'autre, déférer immédiatement les coupables à la justice.

Qu'avez-vous fait, au contraire? Les résultats de l'enquête sont enfouis dans de volumineux rapports où personne n'a le temps ni le courage de les lire, et les principaux coupables, ceux qui ont décapité la France devant l'ennemi ; qui ont donné l'exemple de toutes les trahisons, de toutes les lâchetés ; qui ont fait périr par milliers nos soldats et nos mobiles ; qui ont volé ou gaspillé nos ressources, foulé aux pieds toutes nos lois, toutes nos libertés, tous nos droits, préparé la Commune et ses crimes ; ces misérables, au lieu d'être livrés à la vindicte publique, jouissent tranquillement du produit de leur infamie !

quelques-uns même ont l'impudence de trôner parmi nos souverains et sont encore les arbitres de nos destinées!

Et vous croyez, comme les frères Picard et cet ami de M. Thiers, qu'il leur suffit d'avoir travaillé à la chute de l'Empire pour être absous aux yeux du pays! Et vous vous imaginez moraliser les masses par le spectacle d'une aussi scandaleuse impunité!

XIII

LA DÉCENTRALISATION

Le règne des hommes de septembre avait tout détruit en France : municipalités, conseils généraux, magistrature, armée; pas un service public ne restait debout. En passant sur notre sol, le fléau n'y avait laissé que des ruines.

Vous avez voulu réorganiser les conseils généraux et les municipalités; mais, au lieu de les rasseoir sur les solides bases que l'expérience et le bon sens leur avaient posées, c'est sur vos vieilles théories du temps où vous étiez dans l'opposition que vous avez cru pouvoir les établir. Vous vous êtes mis alors à *décentraliser*, c'est-à-dire à rompre, autant que possible, les liens du pouvoir central avec les départements et les communes. Les maires et adjoints durent être nommés par les conseils municipaux, et les préfets, entourés, surveillés par des commissions permanentes qui ne leur laissaient aucune autorité.

L'application de ces belles idées n'a pas tardé de porter ses fruits. Le Gouvernement s'est vu tout à coup dans l'impuissance d'administrer le pays. Ses préfets étaient tellement annulés que plusieurs conseils généraux ont demandé, avec raison, la suppression de ces rouages inutiles ; les maires n'en faisaient qu'à leur tête, et l'on a cité grand nombre de communes qui avaient cessé toute communication avec le pouvoir central !

Une pareille situation ne pouvait durer. Vous avez eu le courage de reconnaître votre erreur et de rendre au Gouvernement la nomination des maires, en attendant que vous ayez fait disparaître les commissions départementales.

Ainsi, chaque jour vous revenez aux traditions de cet Empire que vous avez si violemment attaqué, mais dont les institutions sont si bien appropriées aux besoins de la France, qu'elle ne saurait vivre sans elles.

Vous restaurez les choses en attendant que le peuple souverain rappelle les personnes ; vous relevez la colonne Vendôme, laissant à la nation le soin d'y replacer la glorieuse effige du vainqueur d'Austerlitz et d'Iéna.

XIV

LES INDEMNITÉS

Tel est le bilan de vos actes ! Est-il complet ? Non. Il faut y en ajouter deux autres dont vous n'avez pas à vous féliciter, et qui font encore moins d'honneur à ceux qui en ont été l'objet !

La paix faite et la Commune terrassée, vous avez pensé à indemniser les victimes du double fléau qui venait de désoler la France. C'était justice. Ce qui ne l'était pas, c'était de lésiner avec les malheureux dont vous aviez à réparer les pertes et de vous montrer prodigues envers des riches à qui rien n'était dû.

Au lieu de vous appuyer, pour régler les indemnités, sur le grand principe de la solidarité nationale, qui oblige la France à répartir entre tous ses enfants les dommages causés par la guerre à quelques-uns, vous avez considéré ces indemnités non comme un droit, mais presque comme une faveur, et après les avoir réduites aux deux tiers du montant des pertes, vous en avez soumis le payement à des formalités, à des lenteurs qui le rendent des plus onéreux.

Il faut dire cependant, à votre décharge, que de pareilles lésineries n'étaient point dans votre caractère. Elles vous ont été inspirées par l'égoïsme de ce même petit homme, qui trouvait tout naturel de diminuer la part des autres, tandis qu'il touchait plus d'*un million de francs* pour une maison qui n'en valait pas *cent mille!*

En vous montrant aussi généreux envers M. Thiers, vous avez cru, sans doute, récompenser ses services. Mais qu'aurait-il reçu d'une autre assemblée qui lui aurait demandé compte de toutes les ruines que son ambition et ses intrigues ont entassées sur son pays ?

XV

LA RESTITUTION AUX D'ORLÉANS

Votre second acte de réparation est plus inexplicable encore.

Pendant que la Prusse, accroupie comme un vampire sur le cadavre de la France, lui suçait ses dernières gouttes de sang, les princes d'une famille, non moins avide, sont accourus avec leurs parents allemands pour prendre part à l'immense curée. Ils ont osé nous redemander une *cinquantaine de millions* des biens que leur père avait soustraits à la France au moment où elle se donnait à lui !

Cette ignoble conduite les a tués ; aussi n'est-il pas étonnant qu'elle leur ait été inspirée, dit-on, par celui qui avait le plus contribué à les renverser du Trône. M. Thiers aura voulu couronner son œuvre en les rendant à jamais indignes d'y remonter.

Mais vous, qui avez eu la faiblesse d'imposer

à la France un pareil sacrifice en faveur d'Altesses Royales déjà si riches, et au moment où vous ne savez quels nouveaux impôts imaginer pour combler les vides de notre trésor ; vous, légitimistes, qui auriez dû vous souvenir de la conduite des d'Orléans envers Louis XVI, envers Charles X, envers la mère de Henri V, envers le dernier des Condé ; vous, républicains dégénérés, qui avez oublié avec quels accents d'indignation les Carrel et les Cavaignac ont flétri l'acte par lequel Louis-Philippe avait escamoté ses biens à la Couronne ; vous tous qui, en haine de l'Empire, avez voté cette revendication impie, de quel œil croyez-vous que la France va la regarder ?

Savez-vous ce que représentent ces cinquante millions ? C'est le montant de l'impôt foncier de vingt-cinq départements, c'est le produit de la cote de quatre millions de cultivateurs ! Comptez les gouttes de sueur que ces malheureux ont dû verser pour faire une pareille somme, et demandez-leur ce qu'ils pensent de ceux qui les ont obligés à la fournir !

XVI

LES INTRIGUES

Voilà bien le tableau fidèle de vos travaux parlementaires ! Il n'y manque, pour être complet, que celui des intrigues dans lesquelles vos meneurs ont voulu vous entraîner.

On en distingue trois principales :

Celle de M. Thiers, pour constituer sa *République conservatrice*.

Celle de la *fusion* des deux branches de la maison de Bourbon, pour placer Henri V sur le trône de ses pères.

Enfin, celle des orléanistes purs, pour rétablir, par d'habiles combinaisons, la monarchie bâtarde de 1830.

Toutes ces intrigues ont misérablement échoué.

XVII

L'INTRIGUE RÉPUBLICAINE

De quelque titre qu'on l'affuble, la République est impossible en France. M. Thiers le sait mieux que personne. N'est-ce pas lui qui a dit qu'elle « tourne toujours au sang ou à l'imbécillité? »

Ces deux mots : *République* et *conservatrice*, ne hurlent-ils pas de se voir accolés? La République ne peut être que la révolution permanente ; c'est le volcan toujours en éruption.

La République n'aurait jamais eu d'ennemi plus acharné que M. Thiers, s'il eut pu, sous un autre régime, s'emparer du pouvoir ; mais, malgré son incommensurable vanité, il n'en est pas encore venu à se croire de l'étoffe dont on fait les Rois et les Empereurs. A défaut d'une monarchie, il s'était donc préparé une république à sa taille, qu'il aurait administrée en famille, avec son fidèle Barthélemy pour premier ministre, et ces deux honnêtes auxiliaires que la justice vient de mettre sous les verroux !

Mais pour proclamer la République, si peu républicaine qu'elle fût, il fallait le concours de l'Assemblée. Or, comment l'espérer d'une majorité essentiellement monarchique? M. Thiers a donc échoué au moment où il croyait toucher au port.

Eut-il été plus heureux en s'adressant à la France? Non. La France est encore moins républicaine que M. Thiers. Lui, du moins, veut une république, la sienne; la France, c'est-à-dire toute la partie saine de la nation, n'en veut d'aucune sorte, car elle sait, par une cruelle expérience, que la meilleure ne vaut rien.

Après la terreur de 93, les sanglantes journées de juin, les hontes du 4 Septembre et les horreurs de la Commune, où trouver encore des républicains, en dehors des ambitieux, si ce n'est dans les bas-fonds de la bêtise et du vice?

La France veut un gouvernement qui lui donne l'ordre, le travail, la confiance dans l'avenir; or, elle n'attend de la République que le désordre, le découragement, la misère !

Cette forme de gouvernement n'a jamais été

pour elle que l'absence de tout gouvernement, que l'*anarchie*, à laquelle elle se résigne en attendant que le véritable gouvernement, sa monarchie, à elle, soit rétablie. Car toutes les monarchies ne lui semblent pas également bonnes.

Des trois qui se disputent l'honneur de la gouverner, il y en a deux dont elle ne veut à aucun prix. Jusqu'à ce que l'habitation qu'elle aime soit relevée, elle préfère coucher à la belle étoile que de s'abriter sous un toit qu'elle déteste !

Ce toit a pu lui convenir jadis, quand elle avait d'autres idées, d'autres habitudes, d'autres besoins : aujourd'hui elle sent qu'elle y étoufferait. C'est cependant sous ce toit maudit qu'après l'avoir arrachée aux mains de M. Thiers, d'autres intrigants voulaient la renfermer !

XVIII

L'INTRIGUE DE LA FUSION

M. Thiers étant tombé pour avoir cherché à fonder la République, la droite de l'Assemblée crut le moment favorable pour restaurer la Monarchie ; non la monarchie que veut la France, mais l'une des deux dont elle ne veut plus ; et pour simplifier la difficulté, les méneurs de la nouvelle intrigue ont obtenu que ces deux monarchies' n'en feraient plus qu'une, la légitime absorbant l'autre.

De là, la visite du comte de Paris au comte de Chambord pour faire, à ses pieds, amende honorable des crimes de la branche cadette contre la branche aînée, et pour le reconnaître comme seul héritier de la couronne de France.

Après cette démarche, tout obstacle à la restauration de la Royauté semblait levé. Les fusionistes ne doutaient pas qu'en se réunissant, les blancs et les bleus n'eussent la majorité dans l'Assemblée ; comme, à leurs yeux, il suffisait du vote de la majorité, fût-elle d'une seule voix, pour relever le Trône, Henri V n'avait qu'à se présenter, et le tour était fait.

Ses fidèles, en étaient si bien convaincus, qu'ils s'étaient déjà partagé les emplois, les dignités, les charges de la cour, et qu'ils avaient tout préparé ; voitures, chevaux, harnais, livrée, jusqu'aux gardes-du-corps, jusqu'à la foule qui devait crier : *vivat!* sur le passage du Roi, pour son entrée solennelle dans sa bonne Ville de Paris.

Ils n'avaient oublié qu'une chose, c'était de s'entendre sur la couleur de l'étendard royal. Henri V ne voulait rentrer qu'avec son drapeau blanc. Cela était fort égal aux Orléanistes ; mais ils étaient convaincus que ni l'armée, ni la nation ne consentiraient à se séparer du drapeau tricolore, et tout fut rompu.

Quant au consentement de la France, ni les uns ni les autres ne s'en étaient inquiétés. Est-ce que les Bourbons l'avaient demandé en 1814 et 1815 ? Celui des souverains étrangers leur avait suffi. Est-ce qu'en 1830 Louis-Philippe avait consulté le pays? Deux cent vingt-un députés lui avaient offert la couronne; c'était plus qu'il ne lui en fallait pour légitimer son usurpation !

Consulter le pays ! Cette formalité est bonne pour des parvenus, comme les Napoléon qui n'ont d'autres titres à régner que la gloire et les services rendus ! Mais les Bourbons, qui règnent par droit de naissance, ne serait-ce pas les rabaisser que de les soumettre à l'assentiment national ?

Et cependant, sans cet assentiment, au moins tacite, il est aujourd'hui impossible à un prétendant quelconque d'arriver au Trône. Le comte de Chambord a eu la plus belle occasion de l'obtenir : à sa place, Henri IV ou Philippe-Auguste l'aurait saisie aux cheveux ; leur descendant l'a laissée sottement échapper : elle ne reviendra plus.

Quand la France râlait sous la double étreinte des Prussiens et de leurs complices du 4 septembre, si le rejeton de nos anciens rois, celui que l'antiquité et l'illustration de sa race placent au premier rang des têtes couronnées, se fût présenté devant l'Assemblée de Bordeaux et lui eût demandé non le pouvoir suprême, mais la patriotique mission de s'interposer entre la France et ses bourreaux ; s'il eût fait en même temps appel à tous les souverains de l'Europe, les invitant, au nom des traités qu'ils ont signés avec ses ancêtres, à s'unir à lui pour défendre la cause du droit international et empêcher nos vainqueurs d'abuser de leur victoire, est-ce que la voix du petit-fils de saint Louis n'aurait pas eu plus d'autorité que celle de ces deux vieux révolutionnaires qui n'ont pu que pleurer aux pieds de l'empereur Guillaume ?

Est-ce que le souvenir de ce qu'avait obtenu Louis XVIII, au congrès de Vienne, contre l'ambition de la Prusse, ne devait pas l'inspirer et l'encourager ?

Et, s'il avait ainsi fait, quand même le succès n'eût pas couronné ses efforts, croit-on que le pays lui aurait marchandé les marques de sa reconnaissance ?

Malheureusement, celui qui devrait s'appeler aujourd'hui Henri V s'est contenté, comme autrefois Moïse, d'élever au ciel ses bras et ses prières, pendant que son peuple était aux prises avec l'ennemi, et, pas plus que Moïse, il n'entrera dans la terre promise !

C'est en vain qu'il renouvelle ses déclarations et ses manifestes; sa voix n'a point d'écho dans le cœur de la France : *vox clamantis in deserto*.

Aucun des princes d'Orléans ne pouvait se charger d'une pareille mission. Sans parler de leurs liens de parenté avec les princes allemands, qui ravageaient la France, le caractère essentiellement révolutionnaire de leur race leur enlève toute influence sur les souverains régnants en Europe.

XIX

PREMIÈRE INTRIGUE ORLÉANISTE

Le peu d'empressement du comte de Chambord à ressaisir sa couronne, loin de décourager ses cousins, ne fit que raffermir leurs espérances ; mais l'acte de soumission du comte de Paris leur interdisant, pour le moment du moins, toute prétention au Trône, il leur fallut recourir à une autre combinaison pour s'emparer du pouvoir sans passer par Henri V.

Cette combinaison avait pour objet, d'abord de prolonger pour sept ans les pouvoirs du maréchal de Mac-Mahon ; puis, sous prétexte de les organiser, de créer à côté et au-dessus de la représentation nationale une seconde Chambre, investie du droit de dissoudre la première et de se nommer un président qui, en cas d'absence, de démission ou de mort du Maréchal, lui succéderait dans l'exercice de l'autorité suprême.

Naturellement cette seconde Chambre devait se composer, en majorité, de créatures des d'Orléans, et son président ne pouvait être qu'un de leurs princes, qui, une fois maître du pouvoir, n'aurait eu qu'à vouloir pour restaurer la monarchie des Barricades.

Tant qu'il ne s'est agi que de prolonger les pouvoirs du Maréchal, la chose allait toute seule. Les différents partis conservateurs savaient que le dépôt de l'autorité ne pouvait être confié à des mains plus loyales; mais dès qu'ils s'aperçurent que, sous prétexte d'organiser ces pouvoirs, les orléanistes n'organisaient que le moyen de les faire habilement passer dans leurs mains, l'entente fut immédiatement rompue. Légitimistes purs, impérialistes et républicains sincères se réunirent pour renverser du ministère les auteurs de cette machiavélique combinaison.

XX

DEUXIÈME INTRIGUE ORLÉANISTE

Sommes-nous enfin au bout de toutes ces intrigues? Pour le croire, il faudrait bien peu connaître ceux qui les ourdissent. Tant qu'il restera dans la gibecière de ces renards un tour à jouer, on peut compter qu'ils le tenteront.

N'ayant plus rien à espérer des légitimistes ni des autres fractions honnêtes du parti conservateur, les orléanistes se sont déjà tournés vers les républicains. Le travail qui s'est fait pour arriver à la *conjonction des centres* n'avait pas d'autre but que de reconstituer une majorité plus docile à leurs vues : or, comme la fusion du centre gauche avec le centre droit ne suffisait pas à former cette majorité, les orléanistes, après avoir donné la main à M. Thiers, sont allés jusqu'à Gambetta; ils descendront, s'il le faut, plus bas encore, décidés à accepter tous les concours, même les plus honteux, pourvu qu'ils servent à leur ambition.

N'est-ce pas ainsi, d'ailleurs, qu'ont fait leurs

grands-pères? Philippe-Égalité n'a-t-il pas eu pour alliés, d'abord les hommes les plus exaltés de la Constituante, puis les Girondins, puis les Jacobins, jusqu'à ce que les terroristes fissent tomber sa tête sur l'échafaud de Louis XVI?

Sous la Restauration, tous les ennemis de la branche aînée n'ont-ils pas été les confidents, les commensaux de Louis-Philippe? N'est-ce pas l'opposition qui l'a élevé au Trône et qui lui a fourni ses ministres, jusqu'au moment où des révolutionnaires plus résolus l'en ont précipité?

Ses fils pourraient-ils suivre de plus illustres exemples? Noblesse oblige.

D'ailleurs, ils n'ont pas le choix. Dans l'état actuel de l'opinion, il ne reste de chances que pour la République, qui n'en a plus guères, et pour l'Empire, qui les a presque toutes. Le retour de l'Empire les écarterait à jamais ; avec la République, ils espèrent du moins, si elle ne les tue pas, pouvoir l'étrangler à leur profit.

Leur nouvelle intrigue réussira-t-elle? Elle échouera plus misérablement encore que les précédentes, non parce que des révolutionnaires, comme Thiers et Gambetta, refuseront de s'y prêter ; leur ambition, stimulée par la peur de l'Empire, les rend capables de tout ! elle échouera, parce qu'elle soulèvera d'indignation tous les cœurs honnêtes dans l'Assemblée et dans le pays.

Cette intrigue sera la dernière. Déjà se font entendre dans les masses ces sourds grondements, précurseurs de l'orage, qui vous annoncent clairement à vous, qui conduisez le navire de l'État, qu'il est temps de virer de bord si vous ne voulez pas périr avec lui dans la tempête !

Vainement vous accrochez-vous, comme à une dernière planche de salut, à la prolongation durant sept ans des pouvoirs du Maréchal! D'abord les organiserez-vous? et quand même ; tant que vous n'aurez pas décrété qu'il vivra au moins jusqu'à la fin de son mandat, vous n'aurez rien fait pour rétablir la confiance et ranimer les affaires.

Mais un pareil décret, Dieu seul peut le rendre : or, nous croyez-vous assez bien avec Lui pour oser en espérer une telle faveur?

XXI

LA DISSOLUTION OU L'APPEL AU PEUPLE

Messieurs de l'Assemblée nationale, vous ne pouvez prolonger le triste spectacle de votre impuissance. Voilà trois ans que vous vous épuisez en efforts pour nous donner un gouvernement et que vous n'avez pu en constituer aucun. L'épreuve est faite. Qu'attendez-vous de l'avenir ?

La France est à bout de forces et de patience. Son industrie et son commerce se meurent, le travail manque aux ouvriers, les faillites et les suicides se multplient chaque jour, les impôts ne rendent plus, toutes les sources de la prospérité publique seront bientôt taries ; et ce qui dóit surtout vous frapper, c'est que le pays, qui déjà est convaincu que vous ne pouvez plus rien pour lui, vous rendra responsables du prolongement de son agonie.

D'où vient qu'une Assemblée, composée en grande partie d'hommes distingués par leur talent, leur fortune, leur naissance et animés

des intentions les plus généreuses, se soit vue,
dès son début, condamnée à une telle impuissance?

La réponse est facile. Vous avez mal fait
ce que la France attendait de vous, et vous
avez voulu faire ce qu'elle ne vous demandait
pas.

Pourquoi? Parce que l'immense majorité de
l'Assemblée représente des partis qui ne sont
qu'une infime minorité dans la nation.

En songeant aux difficultés de votre tâche,
elle vous eût pardonné de l'avoir si imparfai-
tement remplie; mais ce qu'elle ne vous par-
donnera pas, c'est d'avoir voulu lui imposer,
sans son assentiment, un gouvernement
qu'elle a seule le droit de choisir; d'avoir ainsi
foulé aux pieds sa volonté dans le présent et
dans l'avenir, et d'avoir perdu à ce labeur
inutile un temps que vous deviez employer à
relever sa confiance et à réorganiser ses forces.

Aujourd'hui, que vous reste-t-il à faire?
L'une de ces deux choses : ou céder la place à
une autre Assemblée qui sera vraiment constituante, ou inviter la France à constituer elle-
même son gouvernement; en d'autres termes :
la *dissolution* ou *l'appel au peuple*.

Bien que ce dernier parti soit, à la fois, le plus conforme au bon sens, à la logique, au droit, c'est l'autre que vous prendrez. Mais, quoi que vous décidiez, vous aboutirez au même résultat : le rétablissement de l'Empire.

Aujourd'hui, avec plus de raison que jamais, M. Thiers peut s'écrier : « L'Empire est fait ! »
Aussi, pourquoi n'avez-vous pas su le faire oublier ?

Tous les partis conviennent qu'il sortirait fatalement de l'appel au peuple, et voilà pourquoi tous s'entendent pour repousser ce moyen de salut. Mais croyez-vous que les impérialistes soient assez sots pour ne pas transformer en un véritable appel au peuple, l'élection d'une nouvelle Assemblée ? Pour cela, il leur suffit de ne porter sur leurs listes que des candidats qui auront juré de rétablir l'Empire.

Vous verrez alors avec quel empressement les électeurs se jetteront sur ces listes pour en remplir les urnes, et vous serez stupéfaits du petit nombre de républicains, d'orléanistes et de légitimistes qui sortiront du scrutin, en présence des sept millions de suffrages qui acclameront les partisans de Napoléon IV.

Vous avez beau vous raidir contre la fatalité. Le torrent populaire s'avance et grossit à vue d'œil. Bientôt il vous emportera tous ; et, malgré leurs cris de rage, les *fous furieux* seront les premiers engloutis.

XXII

CE QU'EST L'EMPIRE

Pourquoi l'Empire a-t-il jeté dans le cœur des populations des racines tellement profondes que les efforts de tous les partis hostiles ne peuvent parvenir à les arracher ?

La raison en est simple, et le plus modeste des hommes du peuple vous la dira.

L'Empire, c'est l'incarnation vivante de la France nouvelle ; c'est à la fois le signe et la garantie de toutes les conquêtes légitimes de la Révolution ; c'est le Code Napoléon qui les résume toutes et qui, en les faisant passer dans nos mœurs, les a rendues pour jamais inattaquables.

C'est ce régime éminemment national et chrétien qui fait, devant la justice, de l'ouvrier l'égal du patron, du domestique l'égal du maître, du plus humble paysan l'égal du grand seigneur d'autrefois ; qui nourrit le pauvre en protégeant le riche, qui soulage toutes les misères sans en créer aucune, qui instruit l'ignorance en la moralisant, qui procure du travail à tous les bras, des débouchés à toutes les industries, des encouragements et des ressources à tous les talents et récompense tous les mérites ; c'est l'ordre et la prospérité pour tous.

C'est Paris ressuscité dans sa splendeur et replacé à la tête de la civilisation ; c'est l'autorité partout obéie sans cesser d'être paternelle ; c'est la religion dégagée de la politique et rendue à sa mission surhumaine ; c'est l'armée redevenue l'élite de la nation, retrouvant dans sa discipline et ses héroïques traditions, le chemin de la victoire ; c'est la France appuyée sur de puissantes alliances et reprenant sa place dans le monde.

C'est le peuple assis sur le trône dans la personne du souverain qu'il a choisi et qui porte le plus glorieux nom de l'univers ; c'est la réconciliation des partis et le voile de l'oubli jeté sur nos égarements passés ; c'est, enfin, le silence imposé aux bavards de la tribune et des clubs et la parole rendue à la grande voix de la France !

Tel était l'Empire, il y a quatre ans à peine ; tel nous le verrons bientôt reparaître avec Napoléon IV !

Que l'héritier des deux premiers Napoléon soit à la hauteur de ses destinées, il suffit, pour s'en convaincre, de lire le discours suivant qui a eu en France un si profond et si légitime retentissement.

DISCOURS DU PRINCE IMPÉRIAL

PRONONCÉ A CAMPDEN-PLACE

LE 16 MARS 1874

DEVANT LES FRANÇAIS RÉUNIS, A L'OCCASION
DE SA MAJORITÉ

« Messieurs,

« En vous réunissant ici aujourd'hui, vous avez obéi à un sentiment de fidélité envers le souvenir de l'Empereur, et c'est de quoi je veux d'abord vous remercier. La conscience publique a vengé des calomnies cette grande mémoire et voit l'Empereur sous ses traits véritables.

« Vous qui venez des diverses contrées du pays, vous pouvez lui rendre témoignage; son règne n'a été qu'une constante sollicitude pour le bien de tous ; sa dernière journée sur la terre de France a été une journée d'héroïsme et d'abnégation.

« Votre présence autour de moi, les adresses qui me parviennent en grand nombre attestent combien la France est inquiète de ses destinées futures : l'ordre est protégé par l'épée du duc de Magenta, ancien compagnon des gloires et des malheurs de mon père. Sa loyauté nous est un sûr garant qu'il ne laissera pas exposé aux surprises des partis le dépôt qu'il a reçu. Mais l'ordre matériel n'est pas la sécurité.

« L'avenir demeure inconnu, les intérêts s'en effrayent, les passions peuvent en abuser.

« De là est né le sentiment dont vous m'apportez l'écho, celui qui entraîne l'opinion avec une puissance irrésistible vers un recours direct à la nation, pour jeter les fondements d'un gouvernement définitif. Le Plébiscite, c'est le salut et c'est le droit ; c'est la force rendue au pouvoir et l'ère des longues sécurités rouverte au pays : c'est un grand parti national, sans vainqueurs ni vaincus, s'élevant au-dessus de tous pour les réconcilier.

« La France, librement consultée, jettera-t-elle les yeux sur le fils de Napoléon III? Cette pensée éveille en moi moins d'orgueil que de défiance de mes forces. L'Empereur m'a appris de quel poids pèse l'autorité souveraine, même sur de viriles épaules, et combien sont nécessaires, pour accomplir une si haute mission, la foi en soi-même et le sentiment du devoir.

« C'est cette foi qui me donnera ce qui manque à ma jeunesse. Uni à ma mère par la plus tendre et la plus reconnaissante affection, je travaillerai sans relâche à devancer le progrès des années. Quand l'heure sera venue, si un autre gouvernement réunit les suffrages du plus grand nombre, je m'inclinerai avec respect devant la décision du pays. Si le nom des Napoléon sort pour la huitième fois des urnes populaires, je suis prêt à accepter la responsabilité que m'imposerait le vote de la nation.

« Telle est ma pensée : je vous remercie

d'avoir parcouru une longue route pour venir en recueillir l'expression.

« Reportez aux absents mon souvenir, à la France les vœux de l'un de ses enfants : mon courage et ma vie lui appartiennent.

« Que Dieu veille sur elle, et lui rende ses prospérités et sa grandeur ! »

385. — Imp. Parisienne, J. Soubie, imp. Bonne-Nouvelle, 5. — Paris.

TABLE

www.ingramcontent.com/pod-product-compliance
Lightning Source LLC
Chambersburg PA
CBHW051251030726

47595CB00003B/1193